LA PRUSSE ET LA FRANCE

DEVANT L'EUROPE

PARIS. — IMPRIMERIE POITEVIN, RUE DAMIETTE, 2 ET 4.

LA PRUSSE

ET

LA FRANCE

DEVANT L'EUROPE

PARIS

DENTU, ÉDITEUR

GALERIE D'ORLÉANS, PALAIS-ROYAL

1867

I

Toute puissance humaine a ses limites, et la diplomatie, cette puissance qui semble tenir entre ses mains le sort des nations, va bientôt reconnaître l'inutilité de ses efforts.

Rien ne saurait, en effet, à cette heure, donner le change à l'opinion publique sur les intentions envahissantes de la Prusse.

Enivrée par les succès inouïs de la campagne de 1866, la Prusse est frappée de vertige ; son ambition ne peut plus se contenir, et la question du

Luxembourg est arrivée comme la goutte fatale qui fait déborder le vase.

La France désire la paix, à l'aide de laquelle elle peut seulement développer ses intarissables sources de richesses et conquérir les libertés auxquelles elle aspire.

On l'a accusée et on l'accuse encore d'ambition; depuis le premier Empire cette accusation semble rivée par l'opinion de l'Europe à tous les actes de sa politique.

Aucune nation cependant n'a moins besoin d'agrandissement territorial. Nulle n'est aussi homogène, aussi compacte; et nulle puissance au monde ne possède au même degré l'unité nationale.

En jetant un regard sur notre histoire contemporaine on ne peut mettre en doute le désir constant de notre pays de conserver la paix.

On doit se souvenir du retentissement obtenu par ce court et bref exposé ;

L'Empire, c'est la paix!

Si nous n'en avons pas récolté tous les fruits, devons-nous nous en prendre aux désirs du Chef de l'État ou aux sentiments de la nation?

Nous ne le pensons pas.

Qu'on se souvienne des manifestations de l'opinion lors des guerres de 1856 et de 1859.

Qu'on se rappelle les efforts tentés pour conserver la paix.

Ces temps ne sont pas éloignés.

Ces souvenirs sont d'hier.

Aujourd'hui même, à cette heure où la France inquiète et frémissante se demande s'il faudra tirer l'épée, que voyons-nous?

Quelle est la situation?

L'Exposition universelle est ouverte, et la France invite tous les peuples à la lutte pacifique du travail et de l'industrie.

Cependant les canons de Sadowa fument encore; l'œuvre de la victoire se continue à nos portes, et nous assistons depuis un an à l'absorption de l'Allemagne par la monarchie prussienne, qui, pour donner le change aux populations qu'elle veut asservir, dresse devant elle le fantôme de l'ambition française et invoque le souvenir de nos invasions,

Le peuple allemand continuera-t-il à être dupe d'une telle politique?

Qu'il réfléchisse!

Les temps ne sont plus les mêmes, et notre attitude bienveillante pour le développement de sa nationalité pendant la campagne de 1866 n'en est-elle pas une preuve convaincante?

A cette époque, quel autre désir que celui de la paix a pu nous retenir, lorsque notre intérêt nous disait de frapper?

Non, nul ne peut douter des intentions pacifiques de la France. L'Europe doit faire enfin justice de cette éternelle et vieille redite :

« La France n'aspire qu'à étendre sa domina-tion. »

La France veut la liberté pour tous, le respect des droits de tous. Que les peuples le sachent; et quand ils seront convaincus de cette vérité, ils ne risqueront plus d'accepter comme libérateurs ceux qui, sous le faux prétexte de l'affermissement et de l'affranchissement d'une nationalité, détruisent cette nationalité pour faire provinces de leur Empire les différents États qui la composent.

Non, nous ne saurions trop le répéter, l'esprit de conquêtes n'est plus dans notre sentiment national; nous avons depuis longtemps abdiqué des prétentions dangereuses, et plus d'une fois, dans nos débats parlementaires, nos hommes d'État ont proclamé à la tribune que les traités de 1815, conçus contre nous, tomberaient par la force des choses.

Ce que pensaient nos orateurs, les masses le sentaient, et jamais, même aux moments d'exaltation populaire, nous n'avons élevé contre l'Europe une réclamation arrogante. Calme et forte, la France attendait de l'avenir la réparation d'un passé malheureux.

Mais aujourd'hui un voisin, enhardi par des succès inouïs, guidé par un ministre audacieux, non content d'avoir porté en quelques mois la grandeur et la puissance de son pays à des limites qu'il ne pouvait entrevoir qu'en rêve, veut encore imposer sa politique non-seulement aux États de l'Allemagne du Sud, qui, faibles voisins, peuvent hésiter à la discuter, mais encore à la France, à l'Europe entière.

Devant de pareilles exigences, les intentions pacifiques de la France doivent disparaître; le sentiment national n'est pas seulement froissé par une attitude si hautaine, il est profondément blessé.

Il y a plus, le Luxembourg restant, au mépris du droit et des traités, un avant-poste Prussien, placé sur la route de Paris, est une menace.

La persistance de la Prusse à occuper cette forteresse malgré nos légitimes réclamations, fait de cette menace une insulte.

La France ne supporte ni menace ni insulte, on devrait le savoir à Berlin.

Mais passons.

Il serait puéril d'admettre que les Souverains d'Allemagne grands et petits, et que les populations de ces États, se trouvent heureux de la situation qui leur est faite par les événements de 1866.

Tous ces Souverains, passés, comme par magie, à l'état de Gouverneurs généraux du roi de Prusse, ne peuvent subir leur humiliation qu'avec impatience, et nul ne peut douter que bientôt, Monsieur de Bismark aidant, ils ne se trouvent réduits au rôle de simples préfets, sous le coup d'une mise en non-activité par retrait d'emploi. Le sort du roi de Hanovre leur est évidemment réservé s'ils continuent à rester à la remorque du

roi Guillaume, et si aucune puissance ne leur tend une main secourable.

Admettons un instant que ces peuples et ces souverains continuent à se courber sous le sceptre Prussien, et que la France par des motifs que notre patriotisme ne nous permet point d'examiner ici, accepte l'humiliation de voir les soldats du roi de Prusse, continuer à occuper la forteresse du Luxembourg.

Que va-t-il se passer ? Que doit faire logiquement le Cabinet de Berlin ?

Dans quelle voie, l'homme qui le dirige va-t-il après ce triomphe moral, pousser son pays ?

Le passé nous indique l'avenir.

On a commencé par absorber le Holstein et le Sleswig, puis est venu le tour de l'Allemagne, demain ce sera celui de la Hollande.

Dans l'hypothèse que nous examinons en ce moment, l'Allemagne subissant la loi du vainqueur et la France acceptant l'humiliation, la Prusse va marcher en avant, va dévorer la Hollande, car la Hollande, c'est l'Escaut, c'est le Zuyderzée, c'est l'embouchure de tous les fleuves qui n'ont pas comme ceux de la Baltique l'inconvénient d'être bloqués par les glaces de l'hiver; car la Hollande c'est l'essor de la puissance maritime qui manquait à la Prusse.

Une fois bien établie de la sorte, on osera peut-être songer qu'en Alsace, en Lorraine, on parle allemand ; on se trouvera d'ailleurs assez fort pour attaquer la France sans craindre même son alliance avec l'Angleterre. N'aura-t-on pas derrière soit la Russie?

Il ne faut pas se le dissimuler, à la dernière heure on verra la Russie venir à l'aide de la Prusse, que tacitement elle encourage et pousse en avant.

Nous osons espérer que l'Europe n'assistera pas impassible à la réalisation du programme ambitieux que nous venons de tracer.

Les partisans de la paix à tout prix ne manqueront pas de nous dire : Fantômes ! craintes chimériques que tout ceci ! La Prusse n'osera pas porter la main sur la Hollande, car si elle l'osait, la France forte alors de sa modération dans une question personnelle, forte de son rôle de protecteur désintéressé, se lèverait et dirait : vous n'irez pas plus loin.

Soit, nous voulons bien croire que la France tiendra ce langage à un moment donné, mais nous répondrons à ces amis de la paix, à ces optimistes, que nous ne sommes pas payés pour avoir confiance dans la modération de la Prusse pas plus que dans ses promesses, qu'elle ne se démasquera que quand rendue toute-puissante par le temps, qui lui aura permis de s'assimiler les populations allemandes dont elle dispose difficilement à cette heure et par son alliance intime avec la Russie enfin préparée, elle ne craindra plus de courir les chances d'une guerre désastreuse.

La lutte pour avoir été retardée, ne sera ni

moins terrible ni plus avantageuse pour nous, au contraire.

Donc il faut la guerre et la guerre immédiate. Il la faut, au nom de l'honneur national et pour sauvegarder les intérêts les plus légitimes de notre pays, menacé dans un avenir prochain.

Il faut la guerre, non plus pour obtenir un lambeau de territoire, mais pour refouler l'ambition prussienne, pour sauver l'Allemagne et constituer enfin sur des bases inébranlables une Confédération allemande et l'équilibre Européen.

Et puisque la Prusse nous force à la guerre, arrachons-lui cette fois ces provinces rhénanes qu'elle s'est fait adjuger alors que l'Europe entière se partageait nos dépouilles.

Nous le répétons : la guerre plutôt qu'une humiliation flétrissante pour le présent, dangereuse pour l'avenir.

La guerre, puisqu'il faudra arriver tôt ou tard à cet argument suprême.

Mais que la Prusse le sache, la France cette fois ne déposera les armes que victorieuse, et après avoir accompli son programme.

La question du Luxembourg n'est plus qu'un incident aujourd'hui, et l'ambition du ministre prussien qui joue si témérairement les intérêts de sa patrie, nous aurait à coup sûr, *mais à son heure*, fourni un autre motif de rupture.

Quel que soit le motif qui pourrait nous être donné plus tard, aurons-nous jamais plus qu'aujourd'hui le bon droit et le sentiment européen pour nous? Ne laissons donc pas échapper l'occasion offerte encore à la France en 1867, et apprenons à M. de Bismark que si parfois la force prime le droit, *le droit, qui est imprescriptible*, sort toujours victorieux de la lutte que les insensés, les ambitieux ou les despotes osent seuls soutenir contre lui.

II

Examinons maintenant la situation faite à l'Allemagne et à l'Europe, par les événements de ces
dernières années ; nous verrons ensuite quel parti
la France doit tirer de cette situation pour réta-
blir l'équilibre européen et pour assurer à l'Europe une paix définitive.

Prenant la Prusse comme centre, nous voyons
au Sud : l'Autriche victime de sa politique suran-
née, vaincue, humiliée et refoulée vers l'Est,
par sa complice dans l'attentat contre la monar-

chie Danoise, cherchant à réparer ses forces, et entrant dans une voie salutaire de réformes intérieures.

L'Autriche (sans parler du souvenir de Sadowa) cnassée de l'Allemagne, doit avoir conscience du danger qu'elle court de se voir enlever, à un moment donné, et qui peut-être est proche, les huit millions d'Allemands qui font encore partie de son empire.

L'Italie, devenue un moment par l'entêtement autrichien, l'alliée de la Prusse, *et certainement l'unique cause des rapides triomphes de cette puissance,* quoique satisfaite des résultats obtenus par cette alliance, ne peut avoir oublié qu'avant la campagne dernière, la Prusse proclamait hautement que *les frontières de l'Allemagne devaient s'étendre jusqu'aux rives du Mincio avec Trieste pour port sur l'Adriatique.*

La Suisse, cette petite république modèle, paraît se souvenir aussi de l'affaire de Neufchâtel, des

prétentions affichées par la Prusse en cette cir-
constance, et se dispose à faire respecter la neutralité de son territoire.

Au Nord, nous trouvons le peuple Danois, si
petit par le nombre, si grand par son patriotisme
et son courage, victime de l'attentat le plus odieux
de la force, écrasé, dépouillé, morcelé, au profit
de qui : de la Prusse.

L'Angleterre, cette nation intelligente et pra-
tique au suprême degré, ne peut rester indiffé-
rente aux aspirations de la Prusse, cherchant à
développer sa puissance maritime en s'assurant
des ports sur la mer du Nord, d'où elle serait tout
à la fois une menace contre le commerce et
contre le territoire britannique.

En Allemagne les duchés, le Hanovre, la
Hesse, le Wurtemberg, la Saxe, la Bavière, absor-
bés, asservis ou courbés sous la griffe du roi de
Prusse.

Au Nord-Ouest,

La Hollande inquiète, anxieuse, armant en toute
hâte, en toute hâte établissant des moyens de dé-
fense contre l'envahissement, et venant, comme
éperdue, jeter le Luxembourg entre les mains de
la France, pour éviter un commencement d'absorption par le Gargantua moderne des nationa-
lités.

Le dépouillement du Danemark augmentant la
puissance prussienne, n'est-il pas aussi une menace pour les États scandinaves, et n'ont–ils pas à
craindre de voir un jour la Prusse en possession
des clefs de la Baltique ?

Reste la Russie,

De ce côté c'est l'alliance, c'est la complicité
contre l'Europe.

— *Tu auras les clefs du Sund.*

— *Moi les clefs du Bosphore.*

— *Tu domineras sur les mers du Nord.*

— *Moi dans la Méditerrannée.*

La complicité n'est pas niable, et la présence d'un Hohenzolern à Bukarest ne peut et ne doit être considérée, que comme une comédie habilement jouée.

Pour quiconque connaît les provinces du Danube, et les nombreux partisans qu'y possède la Russie, il ne peut être admis que sans l'assentiment et la pression occulte de cette puissance, un prince prussien ait été appelé par les populations.

Le jour ou la Prusse poussée, encouragée, affermie, osera jeter le masque et marcher sur la Hollande, la Russie débordera dans les Principautés. A partir de ce moment l'entrée du Czar de toutes les Russies à Constantinople, ne sera qu'une question d'étapes que l'Europe ne pourra l'empêcher de parcourir, même au prix de flots de sang.

Telle est la situation désastreuse faite à l'Europe par la politique du Cabinet de Berlin, situation qui menace de devenir terrible par la complicité occulte de la Russie.

En présence de cette situation que reste-t-il à faire à la France, et que doit faire l'Europe si la Russie intervient dans la lutte qui se prépare ?

III

Du rapide exposé qui précède, il résulte que par suite de l'arrogance et de l'ambition de la Prusse, toutes les puissances de l'Europe, à l'exception de la Russie sont :

Ou asservies,

Ou affaiblies,

Ou humiliées,

Ou inquiètes sur l'avenir.

Les plus fortes comme les plus faibles, toutes sont attentives sur leurs intérêts sacrifiés, menacés ou prêts à l'être.

En un mot, l'équilibre européen est rompu, et la Russie seule, voit dans cette situation une espérance.

Du choc imminent de la France et de la Prusse, l'embrasement général de l'Europe doit-il fatalement surgir?

Nous ne voulons pas le penser.

Il est encore permis d'espérer que la Russie, malgré ses secrets désirs, ne se mêlera pas à la lutte, et gardera la neutralité tout en conservant ses sympathies pour la Prusse.

S'il en était ainsi, la guerre serait circonscrite; l'Europe armée en attendrait l'issue en faisant des vœux pour le triomphe de la France, dont elle reconnaît le bon droit, et dont le succès assurerait à tous, des avantages sérieux et une paix durable.

En effet, si la France, lasse enfin de l'ingrati-
tude, de la mauvaise foi et des exigences de la
Prusse, tire l'épée, elle ne la remettra au fourreau
qu'après avoir refoulé son audacieuse ennemie
dans des limites, dont elle n'aurait jamais dû
sortir pour le repos de l'Europe, et qu'après
avoir reconquis ses frontières naturelles du côté
de l'Allemagne.

Là doit se borner son ambition personnelle.

Quant aux autres puissances, en échange d'une
neutralité favorable ou d'une alliance offensive et
défensive, que peut-elle leur assurer?

A la Hollande, garantie de l'intégrité de son
territoire.

A la Belgique, maintien et affirmation de sa
neutralité.

A l'Allemagne, en compensation des pays si-
tués sur la rive gauche du Rhin, redevenant français, toute la partie des provinces rhénanes enle-

vées à la Prusse, laquelle serait réduite aux provinces de Brandebourg, de Poméranie, de Posen, de Prusse occidentale et orientale.

De la Prusse ainsi amoindrie sortirait une Allemagne alors vraiment allemande, s'appartenant à elle-même, compacte et forte, s'étendant du Rhin aux nouvelles frontières de la Prusse et à l'abri de toutes les éventualités, de toutes les convoitises.

Au Danemark, dépouillé, spolié, la restitution du Sleswig.

A l'Autriche, vaincue, humiliée, trompée par son astucieuse rivale violant tous les traités au lendemain de leur signature, à l'Autriche surveillant à la fois Berlin et St-Pétersbourg, restitution de la Silésie prussienne;

La France doit compter sur la reconnaissance de l'Italie. Cette puissance ne peut avoir oublié le sang français versé pour son indépendance;

mais si nous ne nous sommes pas assuré le con-
cours effectif de l'Autriche, nous ne devons lui de-
mander qu'une neutralité armée. Réclamer autre
chose du Cabinet de Florence serait une politique
dangereuse, car si, l'Italie engagée, la France ve-
nait à subir un échec en Allemagne qui sait quelle
attitude pourrait prendre le Cabinet de Vienne.

Quant à l'Angleterre ses intérêts sont trop liés
aux nôtres pour que son rôle ne lui soit pas tracé
d'avance.

Qu'importe en effet à cette puissance que nous
reprenions du côté de l'Allemagne nos limites du
Rhin, si nous respectons la neutralité de la Belgique,
et si nous nous portons garants de l'intégrité
territoriale de la Hollande?

Ce qu'il importe à l'Angleterre, c'est de ne pas
voir dans l'Escaut et le Zuyderzée les flottes
cuirassées d'une puissance de premier ordre,
menaçant la grande cité britannique.

Ce qu'il importe à l'Angleterre, c'est de ne pas

rencontrer dans les mers du Nord une flotte assez puissante pour neutraliser la sienne, au moment où la Russie voudra descendre vers Constantinople.

Ce qu'il importe à l'Angleterre enfin, c'est de pouvoir disposer à son gré de ses forces maritimes pour protéger son empire de l'Inde, menacé par la Russie reculant sans cesse ses frontières en Asie.

Des intérêts communs des deux puissances occidentales doit sortir une alliance intime, et comme toutes les autres nations de l'Europe, l'Angleterre ne peut mettre en doute, que l'équilibre européen rompu par la Prusse, et au bénéfice de cette puissance, ne soit rétabli sur des bases solides par la France sortant victorieuse de la lutte qui se prépare.

Reste l'hypothèse où la Russie, croyant le moment favorable et espérant atteindre enfin le but de ses convoitises;

L'empire de Constantinople,

Prendrait part à la lutte.

S'il en était ainsi, loin d'hésiter il faudrait se hâter, et terminer du même coup et la question actuelle et cette question d'Orient, qui depuis quarante ans pèse comme un cauchemar sur la poitrine de l'Europe.

Si la Prusse et la Russie osaient s'allier pour soutenir et faire triompher, à la fin du dix-neuvième siècle, le despotisme et le droit du plus fort, l'Europe entière, n'en doutons pas, serait contre elles, l'Europe entière serait pour la France qui aurait eu la gloire et l'honneur de relever le gant pour la cause de la civilisation.

Dans une pareille guerre, ni l'Angleterre, ni la Hollande, ni le Danemark, ni les États scandinaves, ni l'Autriche, ni l'Italie, ne voudraient, n'oseraient, ne pourraient rester neutres.

Ce serait la coalition de l'Europe contre la Prusse et la Russie.

Ce serait la dernière lutte de l'Europe contre la barbarie, lutte formidable sans doute, mais dans laquelle la victoire ne peut manquer de rester aux défenseurs de la civilisation et de la liberté des peuples.

DE SIMENCOURT.